COMHRÁ LE LÍ HÈ

CONVERSATIONS WITH LI HE

by Gabriel Rosenstock

Translated from the Irish by Garry Bannister
Illustrated by Tania Stokes

ForSai Publications
in association with
Cross-Cultural Communications

Hardcover: ISBN 978-0-89304-744-3
Paperback: ISBN 978-0-89304-745-0
Library of Congress Control Number: 2021939456

Cross-Cultural Communications
239 Wynsum Avenue Merrick, NY 11566-4725/USA
Tel: 516/868-5635 Fax: 516/379-1901
Email: cccpoetry@aol.com

Tiomnaítear an pósae seo do mo sheanchara Lí Hè, file ó ré Tang.

Dedicated to my old friend Li He, a poet from the Tang Dynasty.

Whilst seriously ill in hospital in 2019, Gabriel Rosenstock was given a copy of *The Collected Poems of Li He*. In the months that followed, he immersed himself in the crepuscular, darkling and erotic world of this Chinese 'crazy poet' of the late Tang Dynasty. More than any other Irish poet of our times, Rosenstock has long engaged in a remarkable dialogue with the poetry of the east. Here, in one of his finest collections ever, he speaks to the spirit of the doomed Li He, who died in his twenties. In these finely tuned lyrical conversations, we are brought 'over the hills and far away' into a world where we smell plum blossoms and courtesans' perfume; we hear cuckoo calls and 'dancing music from all quarters'; and enter an ancient world of war, drought and plague that has uncanny resonances of our own age. These beautiful and glittering poems 'sing to the stars', both in Rosenstock's exquisite original Irish and in Gary Bannister's lucent English translations.

- **Liam Carson**, Director IMRAM festival, author of *call mother a lonely field*

Cloistear macalla ó ghrá agus osna an fhile Lí Hè trí na céadta sa chnuasach seo. Thug Gabriel Rosenstock muid ar turas lena 'mhála ársa taipéise' atá líonta le scoth na bhfocal. Imagallamh domhain idir bheirt eagnaithe iad na dánta seo, agus cuma leoithne mhilis an earraigh air. Dúirt Lao Tzu: 'Níl cruth ar an Dao mór' - ach mothaímid an Dao ar snámh ar fud na ndánta seo.

- **Fangzhe Qiu**, UCD

Sclábhaithe

Gan aon ní le hithe acu
ach gallchnónna

Oícheanta deoracha
cloistear an bhlaosc á briseadh

Slaves

They having nothing to eat
but walnuts

Strange tearful[1] nights
the cracking of a skull is heard

---

1   deorach can mean *tearful* but also *strange* or *displaced*

Cuach

Scairteann an chuach athuair –
tar abhaile! tar abhaile!
    bu ru gui qu

Is fuirist a bheith ag caint
nach ea, a Lí Hè?
      ba cheart dúinn go léir dul abhaile
      thar bharr na gcnoc san imigéin

Dá mb'eol dúinn an bóthar . . .
    lejana y solo

Cuckoo

The cuckoo calls out again –
come home! come home!
    bu ru gui qu

Talk is cheap
isn't it, Li He?
      We all should go home
      over the hills and far away

If we only knew the road . . .
    lejana y solo[2]

---

2   a phrase that echoes Lorca

An tImpire

Tá an tImpire tar éis fios a chur ort
An eol dó go bhfuil gaol i bhfad amach agat leis?
(i bhfad i bhfad amach)

Tá an tImpire tar éis fios a chur ort
Cén Treo? Cén Bealach
a roghnóidh tú?
Bealach an Scamaill Bháin?
Ní thabharfaidh sé sin go dtí an tImpire thú

The Emperor

The Emperor has summoned you
Does he know that you are distantly related to him?
(extremely distantly)

The Emperor has summoned you
Which direction? Which Way
will you choose?
The Way of the White Cloud?
That will not take you to the Emperor

Seanéisc is iad ag damhsa

Chualaís-se, a Lí Hè,
na seanéisc is iad ag damhsa
ag damhsa glan amach as a ngile féin
a n-éití á n-ofráil
chun na spéartha acu
Ceol damhsa ag teacht as gach áit
asatsa, leis, a Lí Hè
ina chuilithíní caola

Seanéisc is iad ag dul in óige
i linnte órga

Old fish and they dancing

You yourself heard, Li He,
the old fish when they were dancing
dancing away out of their own luminance
offering their gills
to the skies above.
Dancing music coming from all quarters
from you, too, Li He
in ribbonlike ripples

Old fish getting younger
in golden pools

Ransáil

Nuair a ransáil do mháthair
mála dánta an lae leat
ar sise
'Ní bheidh sé sásta
go dtí go mbeidh a bhfuil istigh ina chroí
spréite ar fud na háite aige ina aiseag!'

Carbáin sa lochán
        a mbéal ar leathadh

Rummaging

When your mother rummaged
in your bag of poems for the day
she said
'He will not be satisfied
until everything he has in his heart is
sprayed all over the place like vomit!'

Carp in the lake
        their mouths agape

Scrúdú le haghaidh na státseirbhíse

Cá bhfaighfí iarratasóir níos cáilithe
níos pioctha ná thú i ngach slí
ach theip ort.
      Huth!
Bhí na scamaill suaite
suaite a bhí sléibhte is aillte
na haibhneacha glóracha is na dragain bhuile
iad go léir ag gearán –
chloisfeá i nGaineamhlach Ghóibí iad:
'Éagóir, feall! Feall, éagóir!'
      Hath!

Examination for the civil service

Where would you find a more qualified applicant
more meticulous than you in every way?
but you failed.
      Huh!
The clouds were troubled
so were the mountains and cliffs
the noisy rivers and the crazy dragons
all of them complaining –
You could have heard them in the Gobi Desert:
'Injustice, foul play! Foul play, injustice!'
      Hah!

An tú atá ann?

Crann faoin bhfearthainn
ag caoineadh faoin bhfearthainn
géaga á réabadh ag an ngaoth
an tú atá ann, a Lí?
téir abhaile dhuit féin

Cén baile a bheadh ag crann
is é sáite san áit cheannann chéanna go deo
nó cén baile a bheadh ag scamall: stadann
      bogann, bogann, bogann, stadann

Is it yourself?

A tree under the rain
weeping under the rain
branches being braced by the wind
is that you there, Li?
go on off home with yourself

What home can a tree have
and it stuck in the same place forever
or what home could a cloud have: stopping
moving, moving, moving, stopping

Ar fhágáil Chang-an duit

Chang-an fágtha id' dhiaidh agat
an chathair is mó ar domhan
An leoithne a bhí ansin
a tháinig chun slán a rá leat
nó bean luí i gcomhrá codlatach le cliant
a gcumhracht allasúil ar tí scaipeadh
nó go ndéantar drúcht úr de ar na beannaibh
ar fhíor na spéire – i bhfad uait?
a Lí Hè
do bhaile sléibhe i bhfad uait

Corr réisc ar leathchos san uisce
      Ní bhogann aon ní seachas a scáil

On your leaving Chang-an

Chang-an behind you now
the largest city in the world
Was it a breeze
that came to bid you farewell
or the courtesan in sleepy conversation with a client
their sweaty perfume soon to be strewn
in the making of fresh dew on mountain peaks
on the sky's horizon – far in the distance?
Li He
your mountain home far in the distance

The grey heron standing on one foot in the water
      Nothing moves apart from its shadow

31

Gaotha an fhómhair

Gaotha an fhómhair
crainn á lomadh gan trua gan taise
gach duilleog ina dán nár scríobhadh
Cé a scríobhfadh dán
agus cogaí á bhfearadh
i ngach cúinne den chruinne
ach gealt nach bhfuil a fhios aige
cad atá á bhreacadh
ag a scuab bhuile

Do chuid siollaí tachta
ag gálaí an fhómhair

Autumnal winds

Autumnal winds
fleecing the trees without pity or compassion
each leaf a poem that wasn't written
Who would write a poem
and wars being waged
in every corner of the globe
only a fool who didn't know
what he was jotting down
with his crazy brush

Your syllables choked
by the gales of autumn

Beacha buí ag dul abhaile

Beacha buí ag brostú abhaile
cnuasaíodh an neachtar go ciúin
gan fhios don saol

Féach, tá na blátha ag iompú bán
bán iad na luibheanna
bán í an ghrian
feicfear ar ball beag
ruball na lárach báine

Yellow bees going home

Yellow bees hurrying home
their nectar gathered silently
unbeknown to the world.

Look, the flowers are turning white
white are the herbs
white is the sun
soon to be seen
the tail of the white mare[3]

---

3   one of many Irish expressions for the Milky Way

Cailleach

Seinneann an chailleach aisteach aerach
an chruit ingearach

A Lí Hè, nach gcanfá dhomsa?
Abair stéibh.
Can do dhánta go léir
dán amháin
líne amháin
can do na spéartha
do na sléibhte
do na farraigí
Can
can do na réaltaí – canfaidh siadsan duitse –
don ghealach is don ghrian
don ghiúis
don domhan seo
is na domhain eile go léir

Domhain nach bhfuil ann

The Old Hag

The old hag's playing strangely gaily
on her upright harp.[4]

Hey, Li He, won't you sing for me?
Give us a stave
Sing all your songs
one poem
one line
Sing to the heavens
to the mountains
to the seas.
Sing
sing to the stars – they will sing for you –
to the moon and to the sun
to the pine tree
to this world
and to all the worlds

Worlds that do not exist

---

4   upright = vertical (su-konghou)

Claíomh

Agus tú ag éisteacht le bailéad cogaidh
cloiseann tú scoilteadh na gclogad
scoilteadh na gcnámh
Is gol na mban san ár
gan aon chuimhneamh agat
go mbeadh ortsa, leis, a Lí
scuab na héigse a chaitheamh i dtraipisí

Tá ina chogadh dearg arís

Sword

While you're listening to a war-ballad
you hear the cracking of helmets
the cracking of bones
the crying of women in the slaughter
you having no idea
that you'd also, Li, have to
discard the brush of poesy.

It is bloody war again

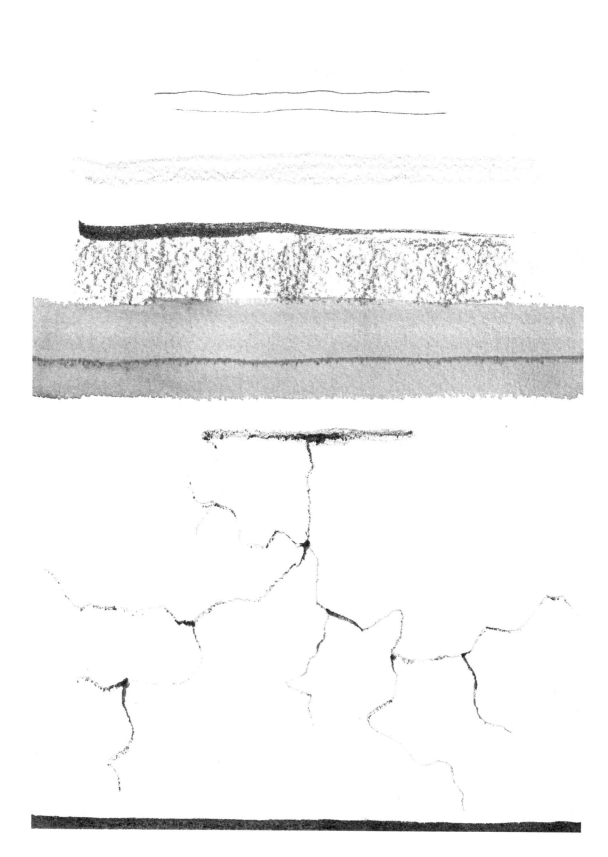

Athruithe

Feicimidne leis iad, a Li Hè, athruithe
athrú i ndiaidh a chéile
míle bliain – imithe ina phuth!
Cad is féidir a chaomhnú, a bhuanú
a cheiliúradh, a chaoineadh
cogadh éigin? Cath éigin?
Sos comhraic?
Cumhracht bláthanna plumaí
nach cumhracht bláthanna
          plumaí in aon chor é
ach bean a ghéill duit, a Lí Hè,
toisc do cháil a bheith imithe romhat –
duine a mbeadh cuimhne i gceann míle bliain
ar a chuid amhrán, amhráin a bhain le capaill
le miotais, le giorra an tsaoil
is cumhracht bláthanna plumaí

Changes

We also see them, Li He, changes
change after change
a thousand years – gone in a puff!
What can be cherished, perpetuated
celebrated, lamented?
Some war? Some battle?
A truce?
The perfume of the plum-blossoms
that isn't plum-blossom perfume at all
but a woman who gave herself to you, Li He,
because of the fame that preceded you –
a person who will be remembered in a thousand years
for his songs, songs about horses
mythologies, the brevity of life
and the perfume of plum-blossoms

41

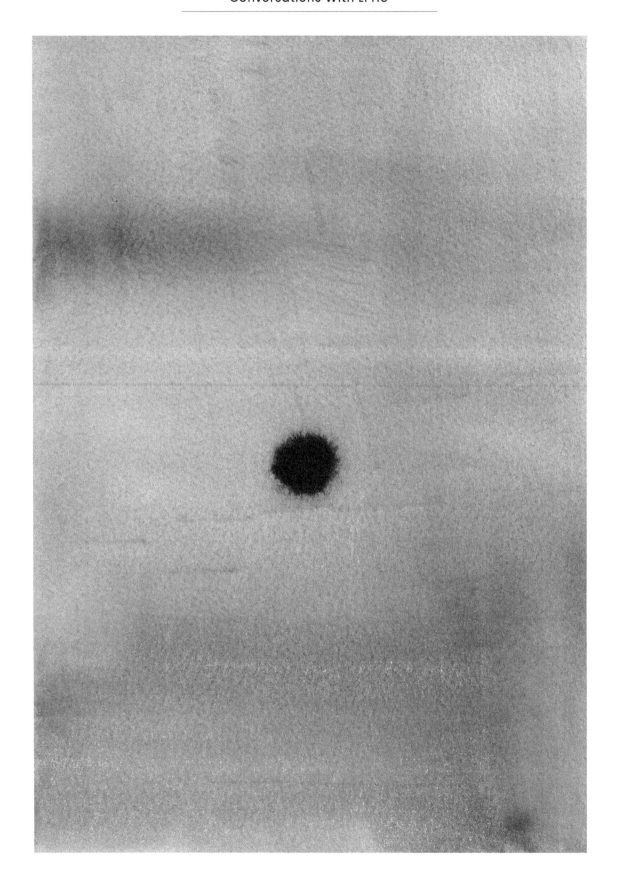

Triomach agus Plá

Triomach agus plá
Cad atá le déanamh?
Plá agus triomach

Níl sólás le fáil
Fiú i mbriathra

Glaoigh ar an bhfile Yang Xiang!

Ó bheith sáite sna sean-lámhscríbhinní
is geall le fiaile é
fiaile eile ag fás ar a uaigh

Triomach agus plá

Drought and Plague

Drought and plague
What's to be done?
Plague and drought

There is no solace to be found
Not even in words

Summon the poet Yang Xiang!

From his being immersed in ancient scrolls[5]
he's like a weed
another weed growing on his grave

Drought and plague

---

5 *literally* 'old-manuscripts'

Tá cairde aite agat, a Lí

Cé a bhainfeadh ciall
as an méid atá scríofa
ag Zhang Xu

Nuair a bhíonn an braon istigh
bíonn an chiall amuigh

Nach iontach an feic é

A chuid gruaige tumtha i ndúch aige
is é ag imeacht ina ghealt
An peannaire nó púca é?
Cé a bhainfeadh ciall go deo
as a chuid folt-scríbhinní?

Zhang Xu –
a chuid gruaige ina colgsheasamh
ag pabhar na filíochta

You have weird friends, Li

Who could make sense
out of what's been written
by Zhang Xu?

After drink has been taken
all sense is forsaken.

What a sight he is

Having dyed his hair with ink
running around like a lunatic
Is he a penman or a pooka?
who could ever make any sense
of his disheveled writings?

Zhang Xu –
his hair standing bolt-upright
empowering poetry

45

Damhsa Síoraí

Aonbheannach cloiche, dragan snoite
á gcreimeadh ag an aimsir
níl ann ach an Dao
gach aon ní ag damhsa
impirí agus cailíní siamsaíochta
faoina n-éadach ar dhath na pomagránaite
ní mhairfidh aon ní
aonbheannach cloiche
dragan snoite

Eternal Dance

A stone unicorn, a carved dragon
being eroded by the weather
it is only the Dao
everything is dancing
emperors and entertainment-girls
beneath their pomegranate-coloured garments
nothing will survive
the stone unicorn
the carved dragon

An Seanleaid

An fíor, a Lí Hè
nuair a rugadh an Seanleaid (Lao Tse)
há há
go raibh féasóg liath air?
Ar rugadh riamh é?
(má bhí a leithéid de neach ann sa chéad áit)

Níor rugadh riamh é
bhí féasóg liath air mar sin féin

Ubh chirce ubh chirce
ubh chirce don Seanduine
ubh chirce is blúirín ime air
is a thabhairt don Seanduine

D'iompaigh d'fhéasógsa liath, leis, a Lí Hè
ó bheith ag comhrá le taibhsí; nach ea?

The Old Lad[6]

Is it true, Li He
when the old lad (Lao Tse) was born
ha ha
that he had a beard?
Was he ever born?
(if there was one such as he in the first place)

He was never born
But he had a grey beard all the same.

A chicken egg, a chicken egg
a chicken egg for the Old Person
a chicken egg with a dash of butter on it
and give it to the Old Person

Your own beard turned grey too, Li He
from talking with ghosts; isn't that so?

---

6   in the Irish lullaby 'Bog braon', the word *seanduine*
(old person) means 'baby'

Tuilleadh báistí

Gleadhradh baistí
is gan duine ná deoraí amuigh inniu
ach an bailitheoir cánach

More rain

Pelting rain
and not a living soul out today
except for the tax collector

Síoda Ionrach

Síoda á bhualadh
ar bhloic úcaireachta fhuara sa bhfómhar
Geimhreadh eile chugaibh
Beidh gá le héadaí teolaí
Líontar le huaigneas thú
le tnúthán éigin
nach uaigneas ná tnúthán i gceart é
ach an croí ag freagairt
don chnagadh sin
a dhéanfadh éan éigin, gan chúis,
nó a dhéanfadh úcaire
sa bhfómhar

Shining silk

Silk being beaten
on cold fulling blocks in the autumn
Another winter is on its way to you
There'll be a need for warm clothes
You are filled with loneliness
with a kind of longing
that isn't real loneliness nor longing
but the heart responding
to the tapping
that some bird might make for no reason
or that the fuller would make
in the autumn

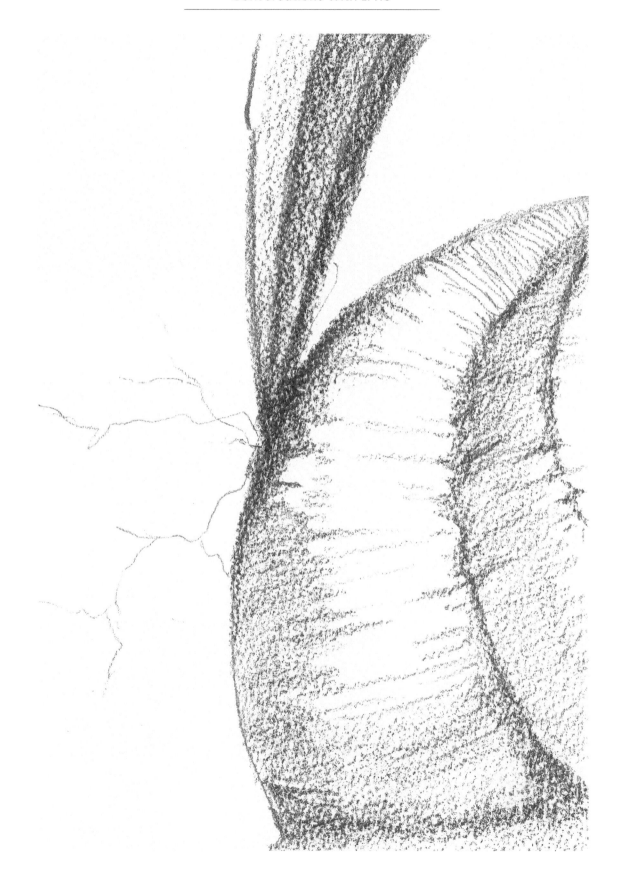

Ag caint leis na crainn

Is ag caint leis na crainn
le féara is le seilmidí dofheicthe atáim inniu
Tá a fhios agat go maith é
Ní gá dhom faic a rá
Is ag caint leatsa dáiríre atáim, a Lí Hè
(agus ag caint liom féin)
Aithníonn ciaróg ciaróg eile
Bheadh sé ait mura n-aithneodh
nach mbeadh?

Ná himigh ó chaidreamh orm

Talking with the trees

It's with the trees,
the grasses and invisible snails I'm talking today
You know right well,
I don't need to spell it out.
It's with you I'm talking, Li He
(and talking with myself)
Birds of a feather flock together
It would be strange if they didn't
flock together . . . wouldn't it?

Don't disappear off on me

Tajiyu: searmanas na ndobharchúnna

Leagann an dobharchú na héisc
os a chomhair
á n-iniúchadh is á meas
sula n-itheann iad

A Lí Hè
táimse chun do chuid dánta go léir
a leagan amach romham
is iad a iniúchadh, a mheas
is a ithe

Ina gceann is ina gceann

Tajiyu: the sermon of the otters

The otter lays the fish
out in front of itself
inspecting and assessing them
before eating them

Hey, Li He
I am going to lay out all your poems
in front of me
to inspect, assess
and eat them

One after the other

Cúpláil na lampróg

Dá ndéarfainn leat, a Lí Hè
go raibh na lampróga ag éirí gann
dhéanfá iontas dem' scéal

I measc na nithe eile go léir atá ag cur as dóibh
tá truaillí de gach saghas – agus solas!

Soilse soilse soilse
Ní dorcha iad na hoícheanta níos mó

Conas a thiocfadh lampróg
ar lampróg eile
Conas a aithneodh lampróg lampróg eile

Splanc phreabarnach
ag dul as

Mating of the fireflies

If I were to tell you, Li He
that fireflies were getting scarce
you'd be shocked by what I said

Amongst all the other things that are bothering them
there are pollutants of every kind – and light!

Lights lights lights
Nights aren't dark anymore

How could a firefly
find itself another?
How would they recognise each other?

A flickering flash
going out

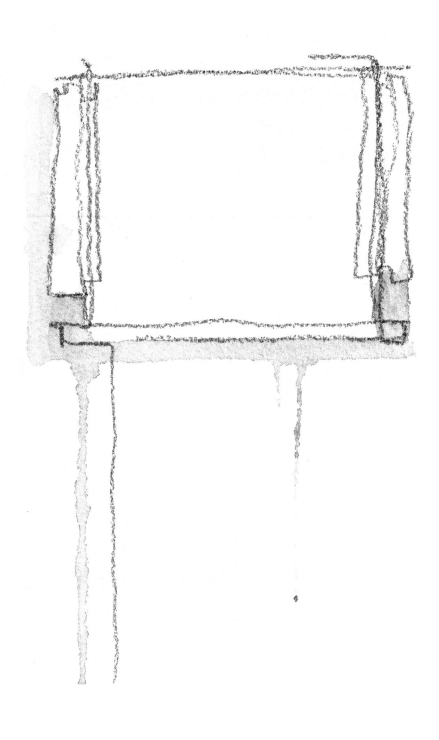

Scamall Bán

Leanann tú slí an scamaill bháin
Cad tá le leanúint?

Ó fhuinneog an ospidéil, a Lí Hè,
is léir dom scamall bán
ag púscadh ó loisceadóir

Siar a ghabh sé inné
soir inniu

Ní hé an scamall bán é, an ceobhrán sin
trína bhfacaís-se beanna sneachtúla

Ná barrghéaga casta na giúise

Cá bhfaighfí an Dao inniu?

Faoileáin a ghabhann thar m'fhuinneog
ní fhéachann siad isteach níos mó

White Cloud

You follow the way of the white cloud
What's there to follow?

From the window of the hospital, Li He,
I can see a white cloud
oozing from the incinerator

To the west it went yesterday
to the east today

It isn't the white cloud, that mist
through which you saw snowy peaks

Nor the twisted branches of the pine tree.

Where would you find the Dao today?

The seagulls that pass by my window
they do not look in anymore

Gaoth

Gaoth ársa a rialaíonn do shaolsa
an ghaoth a scuabann na néalta
chun siúil
is tusa á leanúint

Ceann scríbe níl i ndán
d'éinne againn

Sinne an ghaoth

An mhuir

The Wind

The ancient wind that rules your life
The wind that sweeps the clouds
away
and you in their pursuit

There is no destination
fated for any of us

We are the wind

The sea

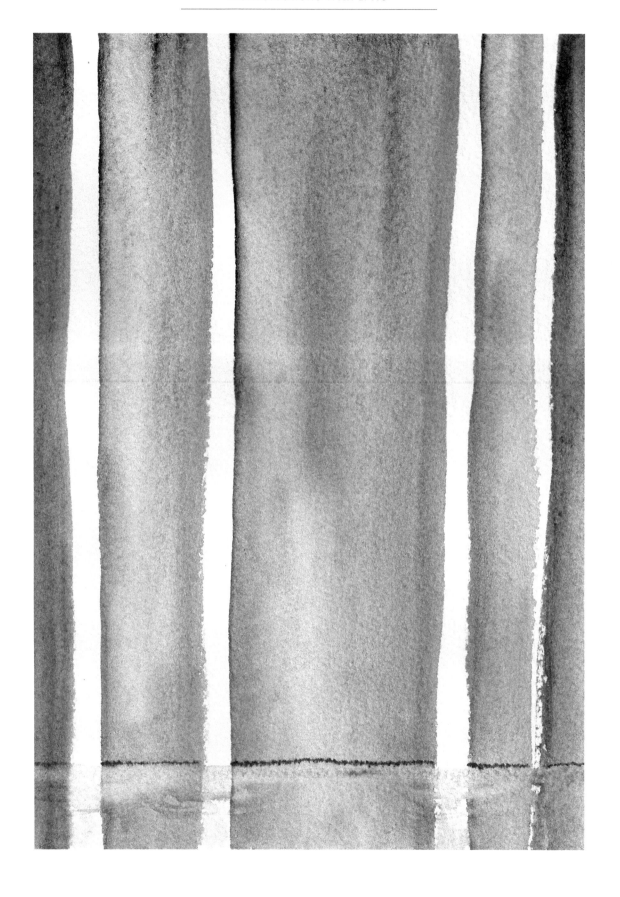

Cuir Comhairle Orm

Cuir comhairle orm, a Lí Hè!

Níor chuala mé an chuach i mbliana
Ní bhfuaireas radharc uirthi

Níor chuala mé an traonach le fada
is ní fhaca i mbliana é
ná aon bhliain eile

An scríobhfaidh mé faoin dá éan úd
nár chuala mé is nach bhfaca mé le fada?

An eol duitse cad atá laistiar dá ngairm?

An siombailí iad?
an chuach, an traonach – a nglór
ann, as –
Cuir comhairle orm!

Advise me

Advise me, Li He!

I didn't hear the cuckoo this year
I didn't catch sight of it

I haven't heard the corncrake for a long time
and I didn't see it this year
nor any other year

Shall I write about these birds
that I haven't heard or seen for a long time?

Are you aware of what is behind their call?

Are they symbols?
the cuckoo, the corncrake – their voices
there or not there –
Advise me!

Bealach na Bó Finne

Cloisim géim bó
Tá ainm eile agaibhse
ar Bhealach na Bó Finne
Cloisim géim bó
i bhfad sularbh ann dúinn

An chéad ghéim bó

A Lí Hè, samhlaigh
a leithéid

The Milky Way

I hear the lowing of a cow
You have another name
for the Milky Way
I hear the lowing of a cow
way before we were here

The first lowing of a cow

Li He, imagine
such a thing

Anois is arís

Sa dán
'Ag Scríobh dom ar an Abhainn chuig Cara in
          Badong'
Tá cur amach agat air, táim cinnte,
Deir Li Bai, 'Cuir nóta chugam anois is arís'

Is é sin an rud atá ar siúl agamsa, a Lí Hè,
An gcloiseann tú mé
chomh soiléir is a chloisimse tusa?

Now and again

In the poem
'While I was writing on a river to a friend in Badong'
You know the one I mean, I'm sure,
Li Bai says, 'Send me a note from time to time'

That is what I am doing, Li He,
Do you hear me
as clearly as I hear you?

Ar fhulaing tú i ndiaidh do bháis?

Ró-óg a bhís nuair a cailleadh thú, a Lí Hè,
chun sásamh a bhaint as laethanta díomhaoine
is do phinsean a ól ar do shuaimhneas.

'Riamh anall,' a deir Li Bai,' ní raibh i ndán
       don té
nár éirigh as in am ach tuilleadh anachaine . . .'

I gcomparáid leis an súp a bhainis as an saol
ar fhulaing tú mórán dáiríre

Ar fhulaing tú i ndiaidh do bháis?
Ar bhraithis uait an braon crua?
An bhé thláith?

Ligis do do chuid ingne fás –
Chun taibhsí a scríobadh ní foláir

An ag fulaingt atá tú i gcónaí?

Moillíonn néal stróicthe os cionn srutháin

Did you suffer after you died?

You were too young when you were taken, Li He,
in order to enjoy the idle days
and to drink your pension at your leisure.

'Always and ever,' says Li Bai, 'for the one who
doesn't quit in time there is only further calamity. . .'

In comparison with the fun you got from life
did you really suffer a lot?

Did you suffer after you died?
Did you miss the hard drop?
The tender maiden?

You let your fingernails grow –
to scratch the ghosts, no doubt

Is it that you're still suffering?

A torn cloud hesitates above a stream

An t-eagnaí neamhbhásmhar

Abair liom, a Lí Hè,
ar chuais-se leis sa tóir uirthi?
an Máistir Jiao, an Daoch neamhbhásmhar
a bhí na céadta bliain d'aois le do linnse?
Cén tóir é seo ar an neamhbhásmhaireacht
nach neamhbhásmhar cheana sinn?

Ní fhéachann sí níos mó ná leathchéad bliain
       d'aois
Cén chuma a bhí uirthi
nuair a tháinig sí ar an saol an chéad lá
is nuair a cailleadh í . . .
Nó an beo fós di?

Clúdaíonn néalta an ghealach
Cén freagra a bheadh ar cheisteanna
amaideacha
ach tuilleadh amaidí!

The immortal sage

Tell me, Li He,
Did you ever go looking for her?
Master Jiao, the immortal Daoist
who was hundreds of years old in your time?
What is this searching for immortality
are we not already immortal?

She doesn't look more than fifty years of age
How did she look
when she arrived into this life
and when she died. . .
or is she still alive?

Clouds cover the moon,
What answers can be found for foolish questions
only more foolishness!

Páirceanna catha

Chonaicís iad, a Lí Hè, páirceanna catha.
an tSín, an domhan go léir –
páirceanna catha
Tagann fiailí
féara, caonach
imíonn na páirceanna catha

An pháirc catha istigh
an pháirc ar a dteitheann scáileanna
ón ngrian

Fields of battle

You saw them, Li He, fields of battle.
China, the whole world –
fields of battle
Weeds appear
grasses, moss
the fields of battle disappear

The field of battle within
the field whence shadows flee
from the sun

Íobairt

Thras-scríobhas dán leat anocht, a Lí Hè,
is dhós go mall é
Bhreathnaíos ar gach líne de ag dul as
is ansan mheascas an luaithreach
le fuisce a mheabhródh cumhracht an
phortaigh duit
is an tsáile
D'alpas siar
in aon bholgam amháin é

Go ndéana an íobairt seo leas gach éinne a
léifidh an dán seo

Iad siúd a thuigeann
is nach dtuigeann

Sacrifice

I transcribed a poem of yours tonight, Li He,
and burnt it slowly
observed each line vanishing
and then mixed the ashes
with whiskey that would remind
you of the smell of peat
and brine
I gulped it back
in one single mouthful

May this sacrifice bring
benefit to any who reads this poem

Those who understand it
and those who do not

Agus anois

Agus anois
is na línte seo á mbreacadh agam
táim nach mór níos sine faoi dhó ná thú
nuair a cailleadh thú
breis is míle bliain ó shin, an gcreidfeá é?

an Abhainn Chang Jiang ar a cúrsa fada gan stad

And now

And now
as these lines I jot down
I am at least more than twice your age
when you died
More than a thousand years ago, would you believe it?

The Chang Jiang river ceaselessly winding its way

Scáileanna na gcrann ar sceabha

Aimsím thú
i measc scáileanna na gcrann ar sceabha
ní raibh a fhios agam go rabhas do do lorg
ná raibh a fhios agam go rabhais-se do mo
sheachaint

Lorgaíos thú
Ní heol do cheachtar againn cén fhaid
is d'aimsíos thú

Scáileanna na gcrann ar sceabha

Shadows of slanting trees

I found you
amidst the shadows of slanting trees
I didn't know that I was looking for you
nor did I know that you were
avoiding me

I searched for you
neither of us know how long
and I have found you

Shadows of slanting trees

Inis!

Cén scéal ag an gcoileach é?
Lá eile aige á chaoineadh
Nó scairt fhiáin eacstaise
Cantaireacht bhaoth?

A Lí Hè, cad a chloiseann tusa?

Ní chloisimidne faic
Lá eile á chaoineadh
Scairt chiúin eacstaise
Osna ó ríomhaire

A Lí Hè, cad a chloiseann tusa?

Scairt an choiligh
sular rugadh é

Tell us!

What's the story with the rooster?
Another day to lament
Or is it a wild shriek of ecstasy
Giddy chanting?

Hey, Li He, what do you hear?

We don't hear a thing
Lament for another day
Or is it a wild shriek of ecstasy
A sigh from a computer

Hey, Li He, what do you hear?

The shriek of the rooster
before it was born

Cairde cnis

Nach méanar dom mé a bheith mór leat
Cé go bhfuil míle bliain ina chlais eadrainn

      Seo linn ag ól arís anocht
Tá cur amach agamsa ar thábhairne
Is ní chuirfidh éinne isteach orainn ann
D'fhéadfaimis a bheith ag bitseáil faoi fhilí eile
ní thuigfear siolla dár rúnallagar biastamhail

Tá dán agam is mian liom a thaispeáint duit
      Nílim cinnte faoin líne dheireanach ann
Tá rud éigin in easnamh air
nó d'fhéadfadh an teideal a bheith mícheart

Le tamall anuas tá dánta gan teideal á scríobh
      agam
Cén chúis a bheadh leis sin?
      Má éirímid bréan den chaint
d'fhéadaimis tosú ag tafann

'A fheara, tá an t-am istigh …'

Bosom pals

How pleasant for me to be so close to you
Even though there stands a thousand-year abyss
between us

Let's go drinking again together tonight
I know where there's a pub
And no one will bother us there
We could do some bitching about other poets
none would understand a syllable of our secret reptilian
tongue

I have a poem that I'd like to show you
I'm not certain about the last line
There is something missing
or perhaps the title might be wrong

For some time now I have been writing poems without
titles
What might be the reason for that?
If we get fed up talking
we can start barking

'Drink up! Time, Gentlemen, please …'

Seacht nDearcán

'Gheobhaidh sibh trí dhearcán ar maidin
is ceithre dhearcán um thráthnóna!'
arsa an fear a raibh moncaithe aige.
Ní róshásta a bhí na moncaithe.
Go deimhin, bhíodar le ceangal.
B'éigean d'fhear na moncaithe géilleadh dhóibh.
'Tá go maith,' ar sé, 'ceithre dhearcán ar maidin
       mar sin
agus trí cinn um thráthnóna.'
Bhí na moncaithe sásta
is chuir cár gáire orthu féin
mar a dhéanfadh diúc.
Bhí gach éinne sásta.
Sin é agat anois é.
Scéal na seacht ndearcán
agus má tá bréag ann bíodh
ní mise a chum ná a cheap.

Ar thaitin sé sin leat, a Lí?
Ó Chuang Tsú a chuala é
n'fheadar cá bhfuair seisean é.

Seven Acorns

'You will get three acorns in the morning
and four acorns in the afternoon!'
said the man with the monkeys.
The monkeys weren't too pleased,
Indeed, they were fit to be tied.
The monkey man had to give in to them.
'OK,' says he, 'in that case
four acorns in the morning
and three in the afternoon.'
The monkeys were satisfied
and they gave a broad smile
like a duke might do.
Everyone was satisfied.
There you have it now.
The story of the seven acorns
and if it's not true, so be it
I didn't make it up or invent it.

Did you like that, Li?
I heard it from Chuang Tzu
wherever he got it from.

Cad a bhí ar eolas acu, a Lí?

Deirtear go raibh eolas ag na sean
eolas thar an eolas is rúndiamhaire amuigh
an fíor, a Lí?
Deirtear gur thuigeadar teanga na n-éan

Cad tá le rá ag éan?

Gheobhaidh an tImpire bás
seargfaidh a mháistreás.

What knowledge did they have, Li?

It is said the ancients had knowledge
knowledge beyond the most mystical knowledge of all
is it true, Li?
It is said that they understood the language of the birds

What do birds have to say?

The Emperor will die one day
His mistress will waste away.

Aigne i bhfocail

A Lí, teastaíonn uaim aigne agus brí
a chur i bhfocail
brí agus aigne
Teastaíonn uaim chomh maith
aigne agus brí
brí agus aigne
a bhaint as gach focal
bheith fágtha
gan focal
gan aigne
gan bhrí

Bheadh uaigneas ansin ar na focail
bheadh ocras orthu
eagla agus tart
bheadh fonn fuaime orthu
fonn a bheith i bhfuaim
i ndán

Purpose in words

Li, I want to put purpose and power
into words
purpose and power
I want as well
to remove
purpose and power
power and purpose
to be left
wordless
purposeless
powerless

Then loneliness would inhabit words
They would become hungry
fearful and thirsty
they would yearn to speak
yearn to be spoken
in a poem

Daltaí Wang Tai

Confúicias féin
d'fhógair sé go mbaileodh sé
a chuid deisceabal go léir
chun suí ag cosa an tsaoi,
Wang Tai.

Ach, a Lí Hè,
ní fhéadfadh éinne –
Confúicias mór san áireamh –
suí ag cosa
Wang Tai –
nach ar leathchois a bhí sé

The Protégés of Wang Tai

Confucius himself
announced that he would gather
all his disciples together
so they might sit at the feet of the sage,
Wang Tai.

But, Li He,
no one could –
even the great Confucius –
sit at the feet
of Wang Tai –
for hadn't he only the one leg

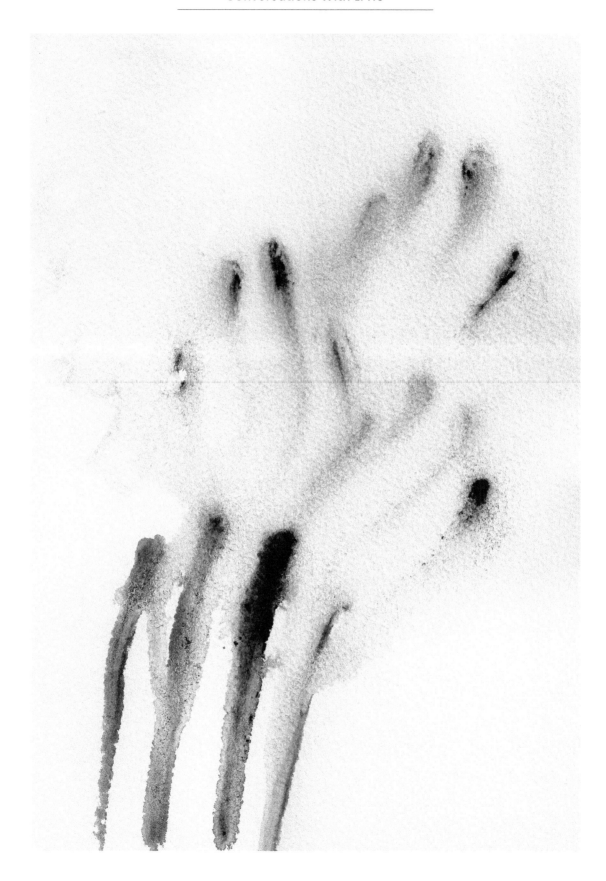

Cé hí

Cé hí an ainnir
atá taobh leat anocht?
níl tú cinnte
ach is cinnte go ndúiseoidh tú roimpi
chun blaiseadh de ghrian na maidine
ar a folt dubh

An chéad líne ag teacht chugat
dán a bhaineann le fáinleog

Dúisíonn sí

Imíonn an dán
ina chleitearnach chiúin

Who is she?

Who is the maiden
who is at your side tonight?
you're not certain
but it is certain that you will wake up facing her
to taste the morning sun
in her black tresses

the first lines coming to you
for a poem about a swallow

She awakes

The poem disappears
in a silent fluttering

Feithidí ag caoineadh

Chualaíse iad, a Lí,
feithidí ag caoineadh

Cá rabhadar
nó cad a chuir ag caoineadh iad?

Feithidí
níos líonmhaire ná réaltaí

Insects weeping

You've heard them, Li
the insects weeping

Where were they
or what caused them to weep?

Insects
more numerous than the stars

Pluma ag titim

Cén tiúin é sin ar a dtugtar *Pluma ag Titim*?
Cé a chum is cathain?
Chualaís á sheinm ag garsún é, seachránaí,
an raibh sé cloiste cheana agat?
      conas a théann sé?

Ní pluma ar chrann é mar phluma
ná pluma ar an talamh é
ach pluma ag titim
cé chomh minic is a fheictear a leithéid?
      conas a théann sé?

Filíocht
amhránaíocht
damhsa
neamhbhuaine a ghineann iad, ilchraobhach,
      cumhra
Pluma ag Titim
      conas a théann sé?

Plum falling

How does the tune go for *Plum Falling?*
Who composed it and when?
You heard a boy playing it, a nomad,
had you heard it before?
      how does it go?

Plum falling, it isn't a plum on a tree
nor a plum on the ground
but a falling plum
how often do you see such a thing?
      how does it go?

Poetry
singing
dancing
impermanence begets them, multi-branched
      fragrant
Plum Falling
      how does it go?

Ag foghlaim an bháis a bhíos

Ag foghlaim an bháis a bhíos
nuair a léas líne leat
'Saolaítear diúilicíní faoi sholas fuar na gréine'

Sea, i ndomhnach, tagann diúilicíní ar an saol!
Ní smaoinímid ar a n-óige in aon chor
lánfhásta a fheicimid iad, réidh le n-ithe

Anocht tá mo chroí sna diúilicíní
dúnta go docht isteach iontu féin
i dtiúin leis an dorchadas istigh

It was learning to die I was[7]

It was learning to die I was
when I read a line of yours
'Mussels are born under the cold light of the sun'

Yes, indeed, mussels come to life!
We do not think about their youth at all
fully grown we see them, ready to be eaten

Tonight my heart is in the mussels
closed up tightly in themselves
in tune with the darkness within

---

7   ag foghlaim an bháis *literally means: 'learning to die'*
but it is more commonly translated as: 'at death's door'

An bóithrín báite faoi sholas
na gealaí

Bóithrín báite faoi sholas na gealaí
an bóithrín cam sin a ghabhann thar do gheatasa
Is ar an mbóithrín sin atáimse anois
An dtiocfaidh tú amach chun fáiltiú romham?

Cad is féidir linn a rá lena chéile?

Faic

An chuma ort gur ag ól a bhís
is tú ag stánadh orm mar d'fhéachfá
ar chloch uaighe is an inscríbhinn uirthi tréigthe

Siúlaim ar aghaidh
(mar a bheadh trí Bhealach na Bó Finne)
Corr éisc oíche ag eitilt sa treo as ar tháinig mé

The little road drenched in the light
of the moon

A little road drenched in the light of the moon
the bent little road that passes your gate
It's on that little road that I am right now
Will you come out to welcome me?

What can we say to one another?

Nothing

You have the appearance as if you've been drinking
and you stare at me as you might look
at a gravestone where the inscription has worn away

I walk on
(as though through the Milky Way)
A night heron flying in the direction whence I came

Slán, a Lí Hè

Amuigh ag marcaíocht – arís – atá tú, a Lí Hè,
Féachann tú trí dhaoine
trí mhuisiriúin
trí dhobharchúnna
trí ghiolc na n-éan
trí ghallchnónna
trí chumhracht na mbláthanna plumaí
trí lampróga
Féachann tú tríomsa
tríd an ngiúis
an scamall bán
an ghaoth
Bealach na Bó Finne
glór na cuaiche is an traonaigh
páirceanna catha is na laochra a thit –
drúcht fós orthu is láib –

scáileanna na gcrann ar sceabha
scairt an choiligh sular rugadh é

Trí sheacht ndearcán a fhéachann tú
trí mháistreás sheargtha an Impire
uaigneas na bhfocal
feithidí ag caoineadh
pluma ag titim
óige na ndiúilicíní
bóithrín báite faoi sholas na gealaí
cos Wang Tai (nach bhfuil ann)

Tar abhaile, a deir an chuach

Síneann an dreoilín teaspaigh a chosa
tugann léim mhear as a chraiceann

Gabhann míle bliain tharat
ina thréad capall fiáin

Farewell, Li He

It's out riding –again – you are, Li He,
You see through people
through mushrooms
through otters
through the chirping of birds
through walnuts
through the perfume of the plum flowers
through fireflies
You see through me
through the pine tree
the white cloud
the wind
the Milky Way
the call of the cuckoo and the corncrake
fields of battle and the heroes who fell –
dew and mud still covering them –

shadows of slanting trees
the shriek of the rooster before it was born

Through seven acorns you look
through the wasted mistress of the Emperor
the loneliness of words
insects weeping
a plum falling
the mussels' youth
the little bent road under the moonlight
Wang Tai's foot (that isn't there)

Come home, says the cuckoo

The grasshopper stretches its feet
it takes a speedy jump out of its skin

A thousand years pass you by
a herd of wild horses

Conversations With Li He

The Poet

Gabriel Rosenstock was born in postcolonial Ireland and is a poet, tankaist, haikuist, short story writer, novelist, playwright, essayist, blogger, translator and children's writer. *Secret of Secrets/ Rún na Rún* is a recent title in a series of free ekphrastic tanka books published in association with Cross-Cultural Communications, New York:
https://www.edocr.com/v/djr6qn6d/gabrielrosenstockbis99/secret-of-secrets

He says of this line by Li He –which translates as 'the pitter-patter of rain on Dongting Lake is like the playing of a flute' – dòng tíng yǔ jiǎo lái chuī sheng: 'There is some evidence to suggest that it was written by myself.'

The Translator

Garry Bannister set up the first Department of Modern Irish at Moscow State University in the late 1970s, where he also lectured while completing his PhD. He is the author of *Essential Irish*, *Foclóir an Fhoghlaimeora*, *Teasáras na Gaeilge* among many others. His work includes *Proverbs in Irish* and the first comprehensive translation of Zen koans in English and Irish, *A Path Home – Conair Siar*, both published by New Island.

The Illustrator

Tania Stokes is a student at the Dún Laoghaire Institute of Art, Design and Technology. She studies a wide range of artistic disciplines from mixed media illustration to digital animation. Her previously published work includes artwork for Garry Bannister's *Proverbs in Irish* and *A Path Home – Conair Siar*.

Lightning Source UK Ltd.
Milton Keynes UK
UKHW031222141221
395607UK00003B/14